W0326952

Johannes Clausner

ACHTSAMKEIT und LEBENSFREUDE

Crotona

Deutsche Originalausgabe

1. Auflage 2013
© Crotona Verlag GmbH & Co.KG
Kammer 11 • 83123 Amerang
www.crotona.de

ISBN 978-3-86191-045-9

Druck: Westermann Druck • Zwickau

Vorwort

In den letzten zehn Jahren sind viele, zumeist sehr lesenswerte Bücher über Nahtod-Erfahrungen erschienen. In ihren Grundzügen ähneln sich alle Berichte, unabhängig davon, ob sich die Erlebnisse in Deutschland, in Holland, in Australien oder in Indien zugetragen haben. Es gibt die "Tunnel-Erfahrung", den "Lebensrückblick" oder das "Lichtwesen", um nur einige Aspekte anzusprechen.

Es ist hier nicht der Ort, um über diese Erfahrungen im Einzelnen zu sprechen, aber zwei spezielle Bausteine sollen an dieser Stelle hervorgehoben werden. Es geht um die "Harmonie des Ganzen" und um die "Achtsamkeit". In ihrem körperfreien Bewusstsein schilderten alle Betroffenen, dass sie mit unerschütterlicher Gewissheit erfahren durften - alles, was auf Erden geschieht, steht vollkommen im Einklang mit der göttlichen Weisheit. Diese Einsicht ging einher mit einer tiefen Lebensfreude. Einer Freude, die jeglichen Zweifel an den manchmal nur schwer nachzuvollziehenden Geschehnissen auf unserem blauen Planeten beseitigte. So, wie es ist, ist es gut! So, wie es ist, ist es vollkommen!

Über den zweiten Baustein waren die allermeisten Menschen während ihrer Nahtod-Erfahrung am meisten verblüfft. Es handelte sich um die "kleinen Achtsamkeiten des Alltags". Befreit von ihrer Erdenschwere, hätten die meisten erwartet, irgendwelche tiefgreifenden spirituellen Belehrungen zu empfangen; aber das war nicht der Fall. Stattdessen zeigte ihnen das "Lichtwesen" scheinbar unbedeutende Begebenheiten des Alltags: Ein kleines Tier war liebevoll gepflegt worden. Eine fast vertrocknete Pflanze war mit Achtsamkeit wieder zum Leben erweckt worden. Einem durstigen Bettler hatte man etwas zu Trinken gegeben. Und vieles mehr! Alles Alltagsgeschehnisse, welche den Menschen gar nicht mehr präsent waren. Geistig jedoch waren sie von wirklicher Bedeutung!

Was lässt sich daraus lernen? Wir können in unserem Leben vielleicht wirklich darauf vertrauen, dass alles in vollkommener Ordnung geschieht. Das könnte uns den Zweifel an mancher offensichtlicher Ungerechtigkeit nehmen, die unsere Lebensfreude schmälert. Und wir könnten bewusster die vielen kleinen Alltagssituationen meistern, in denen es oft nur darum geht, achtsam zu sein und eine kleine Hilfestellung zu gewähren.
Es bedarf nur ein wenig mehr an Aufmerksamkeit, um das Leben auf Erden schöner, lichter und glücklicher zu machen!

ACHTSAMKEIT

ACHTSAMKEIT

Lieben heißt,
den Menschen, den du liebst,
mit der Energie der Achtsamkeit zu umarmen.

Thich Nhat Hanh

Wie viele Menschen würden wohl, wenn man sie fragte, was ihnen LIEBE bedeutet, in ihrer Antwort von Achtsamkeit sprechen?

Achtsamkeit ist wie der Duft von Rosenblüten im Licht des Morgenrotes. Sie schmiegt sich an den Geliebten an, ohne ihn zu bedrängen oder zu erdrücken. Sie trägt ihn, hebt ihn ein wenig empor und beschützt ihn vor allem Übel. Sie wacht über seine Tage und Nächte, und sie beschenkt ihn mit Ehrlichkeit.

Einen Menschen mit der Energie der Achtsamkeit zu umarmen, bedeutet ebenfalls, ihm ein Spiegel zu sein, wenn er in bestimmten Momenten vergessen sollte, die Achtsamkeit auch sich selbst gegenüber anzuwenden. Liebe ist nicht blind, sondern achtsam. Sie übt damit auch eine Wächterfunktion aus, sofern der Geliebte eingewilligt hat, dies dem Liebenden zuzugestehen. Selbst mit der Energie der Achtsamkeit sollte ein anderer niemals ungebeten umarmt werden. Der Liebende sollte warten, bis er eingeladen wird.

Achtsamkeit gilt es bereits zu wahren, bevor sich Liebe schenken kann, denn sie steht am Anfang, in der Mitte und am Ende einer Liebe. Wer mit der Energie der Achtsamkeit umarmt wird, erlangt eine Ahnung davon, was es heißt, von einem Engelsflügel gestreift zu werden.

Möget ihr, Engel der Liebe,
mich lehren,
jene Menschen, die ich liebe,
mit Gedanken der Achtsamkeit
zu umarmen.

Johannes Clausner

In einem apokryphen Text, der keinen Eingang in den Kanon des Neuen Testamentes gefunden hat, wird eine Begebenheit aus dem Leben Jesu überliefert, in der Jesus mit seinen Jüngern auf einer Wanderung war. Plötzlich fanden sie auf dem Weg einen toten Hund, der schon in Verwesung übergegangen war und von den Würmern angenagt wurde. Seine Jünger wandten sich angewidert ab, doch Jesus wies auf den Hund und sagte: „Was für ein schönes Gebiss er hatte!"

Diese kleine Episode soll zeigen, mit welcher ACHTSAMKEIT Jesus alles betrachtete und wie er in allem noch etwas Schönes, Positives erblickte. Wenn es dem Menschen gelänge, mehr Aufmerksamkeit für seine Umgebung und seine Mitmenschen aufzubringen und achtsamer mit allem umzugehen, könnte viel unnötiges Leid vermieden werden.

Weisheitswort für den Tag

Affirmation

**Ich werde den kleinen,
scheinbar unbedeutenden Begebenheiten des Alltags
mit größerer Achtsamkeit begegnen.**

Engel der Fürsorge
Leitet meine Wege
Und öffnet meine Augen,
Um nicht an jenen vorbeizugehen,
Die meiner Hilfe bedürfen.

Möge ich euch meine Hände leihen
Und mein Herz,
Um jenen Fürsorge zu schenken,
Die meiner Hilfe bedürfen.

Johannes Clausner

Manchmal bedarf es einen kleines Hinweises, eines „himmlischen Nasenstübers", um nicht achtlos an jenen vorbeizugehen, die der Hilfe bedürfen. Die Hilfsbereitschaft des Mensch ist weitaus größer als die Hilfe, die tatsächlich geleistet wird. Es mangelt also nicht an der Bereitschaft, sondern an der Achtsamkeit. Zu viele Menschen gehen an zu vielen Bedürftigen vorbei beziehungsweise bemerken deren Bedürftigkeit gar nicht.

Es wäre daher hilfreich, wenn der Mensch jenes kleine Gebet an die „Engel des Mitgefühls" richten würde, um jene nicht zu übersehen, die eigentlich seiner FÜRSORGE anvertraut sind. Die Engel benötigen in den meisten Fällen die Hände und Herzen der Menschen, denn Gott hat ihnen verboten, auf Erden zu „zaubern".

Affirmation

Ich achte in meinem Alltagsleben besser darauf, ob die Engel mir einen Menschen oder ein Tier zeigen möchten, das meiner Hilfe bedarf.

Achtsamkeit und Würde

Wenn jemand sein Geld als Straßenkehrer verdient, dann sollte er die Straße so kehren, wie Michelangelo malte, wie Beethoven komponierte, wie Shakespeare seine Dramen schrieb.

Martin Luther King jr.

Wer so lange für die Bürgerrechte der Schwarzen in den USA kämpfte wie Martin Luther King, der wusste, was Menschenwürde bedeutete. Er hatte Missachtung und Diskriminierung in seinen schlimmsten Formen kennengelernt. Gerade deshalb hatte er mit ganzer Klarheit erkannt, dass die Würde des Menschen nicht in seiner Hautfarbe, Religion oder gesellschaftlichen Stellung begründet liegt, sondern in seinem Herzen.

Jeder Mensch ist ein Kind Gottes, eine Manifestation des Absoluten Geistes, ein Buddha im Werden. Seine Bedeutung liegt in seiner Einzigartigkeit. Jedes Menschenwesen verkörpert einen einmaligen, unwiederholbaren Ausdruck einer göttlichen Idee. Seine Lebensaufgabe kann es nur sein, dieser Idee in seinem Erdenleben in möglichst vollkommener Art und Weise Ausdruck zu verleihen. Deshalb fordert Martin Luther King den Straßenkehrer – er könnte jeden anderen Beruf gewählt haben – auf, die Straße so zu kehren, wie Beethoven komponiert hat. Damit meint er, seiner Tätigkeit mit seinem ganzen Herzen nachzugehen, unter Einsatz seines ganzen Wesens zu kehren. Es gibt keine niederen oder höheren Berufe. Jede Tat, die nicht zum Schaden des Ganzen getan wird, ist eine ehrbare und anerkennenswerte Tat. Alles Tun kann vergöttlicht werden, wenn es bewusst, liebevoll und mit großer Achtsamkeit getan wird.

Dann besteht zwischen dem Straßenkehrer und Michelangelo, Beethoven oder Shakespeare kein Wesensunterschied mehr!

Willst Du Gott zum Lachen bringen,
dann erzähle ihm von Deinen Plänen.

Indische Weisheit

Schon der Volksmund kennt die uralte Weisheit: „Der Mensch denkt, und Gott lenkt." Wie in so vielen alten Sprüchen, steckt auch in diesem eine tiefe Erkenntnis. Der Mensch, der in seiner täglichen Wahlfreiheit entscheidet, ob er dieses oder jenes tut, diesen oder jenen Menschen trifft, glaubt, er sei der Meister seines Schicksals. Er ahnt nicht, welche unendliche Weisheit über seinen Wegen wacht und darauf achtet, dass er in seiner Unwissenheit nicht in die Irre geht und seinen Lebenspfad aus den Augen verliert.

Die letzten Jahre haben gezeigt, dass immer mehr Menschen den Mut haben, von Begegnungen mit dem Reich der Engel zu sprechen. Engel retteten sie vor einem Unheil; Engel schenkten unerwartete Heilung bei einer schweren Krankheit; Engel verbanden auf wundersame Weise die Lebenswege von Menschen. Es kann heute, wenn man unvoreingenommen alle diese bewegenden Erlebnisberichte studiert, keinen vernünftigen Zweifel mehr daran geben, dass jene lichten Wesen eine entscheidende Rolle im Leben der Menschen spielen.

Offensichtlich muss niemand seinen Erdenweg ganz allein absolvieren. Selbst in Momenten größter Einsamkeit darf sich jeder gewiss sein, dass er nicht von Gott verlassen wurde; denn auch diese dunkle Stunde ist Teil von Gottes Plan. Es gilt – zu vertrauen!

Christus, du großer Heiler,
du nimmst alles auf,
was uns belastet.
So können wir frei von allem,
was uns das Leben schwer macht,
sorglos stets neu den Weg beginnen,
der von Besorgnis zum Vertrauen,
vom Schatten in die Klarheit lebendigen Wassers,
von unserem eigenen Willen zur Erkenntnis
des kommenden Reiches führt.
Obwohl wir es kaum zu hoffen wagen,
schenkst du es allen Menschen,
Widerschein deines Angesichts zu sein.

Gebet aus Taizé

Es gibt Untersuchungen, die darauf hinweisen, dass eine der größten Kraftverschwendungen des Menschen darin besteht, sich über Dinge oder Ereignisse ernsthafte Sorgen zu machen, die dann niemals eintreten. Mütter sorgen sich über die Gesundheit ihrer Kinder, die unbeschwert heranwachsen und ihre kleinen Krankheiten spielend überwinden. Väter sorgen sich über ihre berufliche Zukunft, um dann mit einer gesicherten Altersversorgung in den Ruhestand zu gehen. Der eine sorgt sich um dieses, der andere um jenes. Und zumeist tritt nichts davon ein!

Es geht nicht darum, der Leichtfertigkeit oder der Sorglosigkeit das Wort zu reden, sondern es geht darum, von der Angst vor der Zukunft zum VERTRAUEN in das Leben zu wechseln. Was auch geschieht, es ist gut!

Affirmation

Ich vertraue darauf, dass ein göttliches LICHT auch in dunklen Stunden über mir leuchtet und mich durch alle Gefahren des Lebens geleitet.

Himmlischer Vater
Mögest du mir zeigen,
Was ich für mein Leben wirklich benötige.
Mögest du mich lehren,
Das Wesentliche vom Unwesentlichen zu trennen.
Mögest du mir dein Licht schenken,
Um Weisheit und Unwissenheit zu unterscheiden.
Möge es mein einziger Wunsch sein,
Dich wiederzufinden.

Johannes Clausner

GLÜCK
GLÜCK

Nach meiner Überzeugung ist das Ziel menschlicher Existenz nicht Glück, sondern spirituelles Wachstum.

Alexander Solschenizyn

Wie Martin Luther King, musste auch Alexander Solschenizyn durch sehr leidvolle Erfahrungen gehen, die ihn aber letztlich zu der überragenden Persönlichkeit reifen ließen, die er in der zweiten Hälfte seines Lebens wurde. Wenn man das Wort „Glück" im Sinne von weltlichem „Glück haben" oder „glückliche Umstände haben zu diesem Erfolg geführt" nimmt, dann darf man Solschenizyn sicherlich ohne zu Zögern zustimmen; denn wie schnell schlägt das Glück in Pech um, und die Umstände erweisen sich plötzlich als widrige. Auf dieses vergängliche 'Glück' sollte niemand sein Haus bauen, denn es gleicht Treibsand.

Wer jedoch dem Pfad des spirituellen Wachstums folgt, dem „engen Weg zum Himmelreich", der wird feststellen, dass selbst in schweren, leidvollen Zeiten in seinem Herzen ein Glücksgefühl reift, das unerschütterlich ist. Dies ist ein Glück, auf dem er den Tempel seines Herzens errichten kann, denn es ist unvergänglich.

Im Wissen um das „wahre Glück", das am 'Ende' des geistigen Weges wartet, sprachen die Weisen des Ostens von „Ananda", von der kosmischen Glückseligkeit. Es ist jene Glückseligkeit, die alle erwartet, die auf jene Herrlichkeit vertrauen, die Gott ihnen in seinem Reich bereitet hat. Dann fallen Glück und geistiges Erwachen zusammen, in einer Erfahrung, die jenseits aller Worte liegt.

Alle, die unglücklich sind, sind es,
weil sie nur ihr eigenes Lebensglück suchen.
Alle, die glücklich sind, sind es,
weil sie das Glück der anderen wollen.

Shantideva

Der XIV. Dalai Lama, der sich große Verdienste in Sachen Glaubenstoleranz und religiösem Dialog erworben hat, weist gerne auf eine Grundbefindlichkeit hin, die allen Menschen gemeinsam ist: Alle Menschen möchten glücklich sein! Wie kann jedoch ein mitfühlender Mensch wahrhaft glücklich sein, solange er noch das Leid seiner Mitgeschöpfe erschaut?

Nun kann kein Mensch das Leid und die Sorgen der gesamten Menschheit zu seinen eigenen machen; doch wenn jeder nur ein geringes Augenmerk auf die Nöte seines Nächsten richten würde, um vielleicht helfend eingreifen zu können, wie anders sähe unsere Welt aus? Gemeinsames Glück ist doppelte Freude!

Affirmation

Ich will versuchen, aufmerksamer für die Sorgen und Nöte meiner Mitmenschen zu sein, um ihnen meine Hand reichen zu können, falls sie sie benötigen sollten.

Lasse mich nie vergessen, göttlicher Herr,
dass nur die wahrhaft glücklich sind,
deren Herzen aus Liebe überfließen
und so die Seelen der Unglücklichen mit Trost benetzen.

Gebet eines Yogi

SCHUTZ
SCHUTZ

Gott, beschütze uns.
Wir wissen nicht,
Ob wir morgen noch leben.
Wir sind in Deiner Hand.

Schutzgebet aus der Karibik

Es zählt zu den unerwartetsten Geschehnissen der Neuzeit, dass die Menschen die Engel wiederentdeckt haben. Oder sollte man sagen: Die Engel haben die Menschen wiederentdeckt? Vielleicht bedurfte es des spirituellen Erwachens der Menschheit, um jenes Licht auszusenden, welches die Engel wieder auf die Menschheit aufmerksam gemacht hat.

Wie immer es auch vonstatten gegangen sein mag, es ist ein unbeschreiblicher Segen für die Erdenmenschen, neu erkannt zu haben, dass Gott ihnen die Engel zur Seite gestellt hat, als SCHUTZ und Inspiration des Himmels.

Was immer auch geschehen mag, der Mensch muss sich vor nichts fürchten, solange er sich bewusst bleibt, allzeit den Schutz des Allerhöchsten zur Verfügung zu haben.

Affirmation

Ich nehme mir jeden Morgen und Abend einige Minuten Zeit, um mich auf meinen Schutzengel zu konzentrieren und Gott dafür zu danken, dass er mich behüten darf.

Die Schutzengel

Heiliger Schöpfer,
wir bitten dich darum,
dass du deine Engel zu allen jenen senden mögest,
die wir in unserem Herzen in dieses Gebet einschließen.
(Nenne hier die Namen)
Mögen sie ihnen Schutz und Stärke senden
und sie auf den Weg führen,
den du ihnen bereitet hast.
Aber möge allzeit dein Wille geschehen.

Johannes Clausner

Himmlischer Vater,
Hab Dank für diesen guten Tag
Und segne bitte die heutige Nacht.
Lass uns eintreten in dein Reich
Und mit neuer Kraft zurückkehren
in den kommenden Tag.
Und führe Du uns auf dem Pfad des Dienens
in Demut.

Johannes Clausner

Schutz für die Tiere

Wenn Rabbi Seew Wolf im Wagen fuhr, erlaubte er seinem Fuhrmann nicht, die Pferde zu schlagen. „Nicht einmal zu schelten brauchst du sie, wenn du sie nur anzureden verstehst."

Martin Buber, Erzählungen der Chassidim

Die Tiere sind dem Menschen in die Obhut gegeben. Er ist nicht ihr Herrscher, sondern ihr Hüter! Jeder große religiöse Lehrer setzte sich für den Schutz der Tiere ein. Es gibt unzählige Legenden und apokryphe Texte, in denen davon berichtet wird, dass sie ihre Heilkräfte auch für die Wesen des Tierreiches einsetzten. Eine Erzählung schildert, wie Jesus einen Hasen heilte.

„Als Jesus an den Ufern des Jordan umherwanderte, entdeckte er einen jungen Hasen, der verwundet am gegenüberliegenden Ufer lag. Jesus entblößte sich, sprang ins Wasser und schwamm zum anderen Ufer. Dort nahm er das verletzte Tier in seine Arme, und fast augenblicklich war die Wunde geschlossen. Voller Freude sprang der geheilte Hase davon."

Diese Legende hält vielleicht einer historisch-kritischen Textanalyse nicht stand, aber sie sagt vielleicht mehr über die Liebe aus, die Jesus im Herzen trug, als zahllose gelehrte theologische Abhandlungen.

DANKBARKEIT

DANKBARKEIT

Wenn ein anderer undankbar ist, dann ist das seine Schuld; es ist meine, wenn ich nicht gebe. Um einen dankbaren Menschen zu finden, muss ich vielen nachsehen, dass sie es nicht sind.

Seneca

Diese tiefe Einsicht des Seneca ist letztlich eine philosophische Umsetzung der einfachen Lehre: „Geben ist seliger als nehmen." Doch wie schwierig scheint es, in einer Gesellschaft diese einfachen Worte zu verwirklichen. Wem gelingt es wirklich, ein zweites Mal liebevoll und ohne Erwartung zu geben, wo ihm beim ersten Mal keine Dankbarkeit entgegengebracht wurde? Und wer hat sich nicht schon die Frage gestellt, ob er sich richtig verhält, wenn seine Bereitschaft zu geben zahllose Male schamlos ausgenutzt wurde?

Hier scheinen wir an ein Grundproblem des Menschlichen zu stoßen, das ähnlich strukturiert ist wie die Liebe. Der Mensch liebt, weil er wiedergeliebt werden will. Er gibt, weil er etwas zurückerwartet, zumindest Dankbarkeit. Da die Menschheit aber noch immer in ihrem Egoismus verstrickt ist, funktioniert diese Gegenrechnung nicht. Die Erwartung wird ein ums andere Mal enttäuscht, sowohl beim Geben als auch in der Liebe. Wenn dann das Geben und das Lieben eingestellt werden, dann beginnt die verhängnisvolle Spirale nach unten – und die Welt wird noch egoistischer und liebloser.

Ich lebe mein Leben in wachsenden Ringen,
die sich über die Dinge ziehn.
Ich werde den letzten vielleicht nicht vollbringen,
aber versuchen will ich ihn.

Ich kreise um Gott, um den uralten Turm,
und ich kreise jahrtausendelang;
und ich weiß nicht: bin ich ein Falke, ein Sturm
oder ein großer Gesang.

Rainer Maria Rilke

Herr, möge ich dankbar sein in dem Wissen,
dass Du meine Gebete auf DEINE Weise beantwortest,
und nicht auf die meinige.

Mahatma Gandhi

Oh du unendlich gütiger Geist,
wir begegnen Dir in Einfachheit und Liebe.
Wir danken Dir für den göttlichen Segen,
der in unsere Herzen strömt.
Wir beten, dass wir nie vergessen mögen,
mit welcher Liebe Du uns führst
und welchen unendlichen Frieden
Deine Wahrheit unserem menschlichen Herzen gibt.

White Eagle

Die Schlüsselworte in diesem ebenso schlichten wie tiefen Gebet lauten „Einfachheit" und „Liebe". In einer immer komplizierter werdenden Welt haben viele Menschen verlernt, einfach zu sein. Die Einfachheit bildet aber einen der wichtigsten Schlüssel, um das Tor zur Liebe aufzuschließen. Deswegen kann es nicht verwundern, wenn alle großen Weltreligionen den Menschen auffordern, einfacher zu leben und nicht nach großen weltlichen Besitztümern zu streben. Wer seine Liebe an die Welt heftet, kann sie nicht gleichzeitig auf Gott oder seinen Nächsten richten. Daher ist es ein großer Segen, für den man unendlich dankbar sein kann, wenn man die Liebe Gottes in seinem Herzen erspüren kann.

Affirmation

Ich werde darauf achten, mein Leben jeden Tag ein wenig einfacher zu gestalten, um so Platz für die Liebe Gottes in meinem Herzen zu machen.

LEBENSFREUDE
LEBENSFREUDE

Gott, ich danke dir,
weil es schön ist zu leben.
Ich danke dir,
weil ich mich freuen kann über ein Lächeln,
das ein Mensch mir schenkt,
oder über eine Hand,
die nach meiner Hand greift.
Ich danke dir für die Menschen,
die als Freunde an meiner Seite gehen.
Ich danke dir für die Sehnsucht,
die mich zu dir zurückruft und mich verwandelt.
Ich danke dir, dass ich sein darf!

Johannes Clausner

Es gibt eine sehr populäre Fernsehwerbung, in der einige scheinbar sehr erfolgreiche Männer zusammensitzen und einer plötzlich einige Bildkarten auf einen Tisch blättert, während er triumphierend ausruft: „Mein Haus, mein Pferd, meine Yacht." Damit soll deutlich werden, dass in dieser Errungenschaft materieller Werte das wahre Glück und die eigentliche Erfüllung des Lebens liegt. Offensichtlich haben die Produzenten dieses Werbespots die menschliche Schwäche gut eingeschätzt, andernfalls wäre diese Werbung nicht so überaus erfolgreich gewesen. Wie würde wohl die „Himmelsagentur für Werbung und Kommunikation" ihren Werbespot gestalten? Vielleicht säßen darin drei Engel an einem Tisch, die alle materiellen Anhaftungen auflösen und anschließend drei Karten aufblättern würden, auf denen „Liebe, Freiheit und ewiges Leben" stünde.

Affirmation

Ich erfreue mich an den Dingen, die mir das Leben so großzügig zur Verfügung gestellt hat; doch ich weiß, dass sie mir nur in Obhut gegeben wurden. Ich werde sie nicht mitnehmen können.

Wenn ich dich nur habe,
Wenn du mein nur bist,
Wenn mein Herz bis hin zum Grabe
Deine Treue nie vergisst:
Weiß ich nichts von Leide,
Fühle nichts, als Andacht,
Lieb' und Freude.

Wenn ich dich nur habe
Lass' ich alles gern,
Folg' an meinem Wanderstabe
Treugesinnt nur meinem Herrn;
Lasse still die Andern
Breite, lichte, volle Straßen wandern.

(Nach Novalis – Geistliche Lieder)

Ein trauriger Mensch
kann die Realität nicht beeinflussen.

14. Dalia Lama

Einen Satz von solcher Radikalität kann vielleicht glaubwürdig nur von einem Menschen wie dem XIV. Dalai Lama gesprochen werden. Trotz seiner schier übermenschlichen Lebensaufgabe strahlt er eine unerschütterliche Lebensfreude und Menschlichkeit aus, die niemanden unberührt lässt, der diesen wahrhaft großen Menschen einmal erleben durfte.

Wenn man jetzt seinen Satz umkehrt, dann wird deutlich, dass der XIV. Dalai Lama, der ganz sicher zu den einflussreichsten (die Realität beeinflussenden!) Menschen der Gegenwart gehört, trotz des tragischen Schicksales seines Volkes in seinem Herzen ein von Freude erfüllter Mensch geblieben ist. Nur weil er diese Freude empfindet und auch auszustrahlen vermag, ist er zu einer der großen Lichtgestalten der Menschheit geworden.

Wenn sich der Einzelne, ohne den Vergleich mit der Größe des Dalai Lamas anzustellen, darum bemüht, die Freude in seinem Herzen zu entfalten, dann wird er dort, wo er gerade steht, ein ähnliches Licht auszustrahlen vermögen. Dieses Licht wiederum dient dazu, die Dunkelheit auf der Erde zu vertreiben und allmählich eine hellere Welt zu errichten. Wenn man sich erinnert, dass jedes Wesen einen göttlichen Seelenfunken in sich trägt – oder, buddhistisch gesprochen, die Buddha-Natur besitzt – dann ist in letzter Konsequenz jede Traurigkeit eine Beleidigung Gottes.

Herr, forme mich zum Werkzeug Deines Friedens!
Wo Hass herrscht, lasse mich Frieden säen.
Wo Verletzung wirkt, lasse mich Verzeihung bringen.
Wo Zwietracht waltet, lasse mich Eintracht schaffen.
Wo Irrtum verwirrt, lasse mich Wahrheit offenbaren.
Wo Zweifel nagt, lasse mich Glauben erwecken.
Wo Verzweiflung quält, lasse mich Hoffnung schenken.
Wo Dunkelheit verdüstert, lasse mich als Licht leuchten.
Wo Traurigkeit schmerzt, dorthin lasse mich Freude tragen.

Franz von Assisi

Bildnachweise

Seite 2 bis 4 © 1951719 – Shutterstock.com
Seite 6 © 10457572 – Shutterstock.com
Seite 8 © Vadym Nechyporenko 1955072 – Shutterstock.com
Seite 10 © IqullKNENfUkFdHzVQIm0rVAC[1] – Shutterstock.com
Seite 12 © 496497 Anette Linnea Rasmussen – Shutterstock.com
Seite 14 © 54424459 Anettphoto – Shutterstock.com
Seite 16 © 9016441 Val Thoermer – Shutterstock.com
Seite 18 © 8291053 Aleksandr Stennikov– Shutterstock.com
Seite 20 © 76175764 Steshkin Yevgeniy – Shutterstock.com
Seite 22 © 49475341 LilKar – Shutterstock.com
Seite 24 © 68627683 Alena Root – Shutterstock.com
Seite 26 © 64029292 joingate – Shutterstock.com
Seite 28 © 132413567 Ivan Kruk – Shutterstock.com
Seite 30 © 131840801 Andrey Shadrin– Shutterstock.com
Seite 32 © 116298694 photokup – Shutterstock.com
Seite 34 © 28851707 Konstantin Sutyagin – Shutterstock.com
Seite 36 © 45104506 Serg64 – Shutterstock.com
Seite 38 © 26254336 Nejron Photo – Shutterstock.com
Seite 40 © 17296093 ethylalkohol – Shutterstock.com
Seite 42 © 31031110 Madlen – Shutterstock.com
Seite 44 © 84159427 Imageman – Shutterstock.com
Seite 46 © 64406470 Robyn Mackenzie – Shutterstock.com
Seite 48 © 38338369 Susi – Shutterstock.com
Seite 50 © 38902642 – Shutterstock.com
Seite 52 © 4393393 Sebastian Duda – Shutterstock.com
Seite 54 © 1886240 verityjohnson – Shutterstock.com
Seite 56 © 132385337 AdStock RF – Shutterstock.com
Seite 58 © 73167868 Jorge Salcedo – Shutterstock.com
Seite 60 © 8666491 Beata Becla – Shutterstock.com
Seite 62 © 2567892 Pefkos – Shutterstock.com
Seite 64 © 8984680 mypokcik – Shutterstock.com
Seite 66 © 9358867 Liv friis-larsen – Shutterstock.com
Seite 68 © 3539654 Tito Wong – Shutterstock.com
Seite 70 © 10826509 jps – Shutterstock.com
Seite 72 © 10986442 Anette Linnea Rasmussen – Shutterstock.com
Seite 74 © 10292041 Potapov Alexander – Shutterstock.com
Seite 76 © 11296606 Olga Lyubkina – Shutterstock.com
Seite 78 © 55756 Elena Ray – Shutterstock.com